UNIVERSITÉ DE FRANCE.

FACULTÉ DE DROIT DE STRASBOURG.

ACTE PUBLIC

SUR

LES PRIVILÉGES,

PRÉSENTÉ

A LA FACULTÉ DE DROIT DE STRASBOURG,

Le Samedi 16 Août 1834, à Midi,

POUR OBTENIR LE GRADE DE LICENCIÉ EN DROIT,

PAR

P. M. OSCAR DESTRAIS,

DE STRASBOURG (DÉPARTEMENT DU BAS-RHIN),

BACHELIER ÈS-LETTRES ET EN DROIT.

STRASBOURG,

De l'imprimerie de F. G. LEVRAULT, imprimeur de la Faculté de droit.

1834.

A MON PÈRE ET A MA MÈRE.

OSCAR DESTRAIS.

FACULTÉ DE DROIT DE STRASBOURG.

M. Kern, Doyen de la Faculté.

M. Hepp, Président.

EXAMINATEURS:

MM. Hepp,
Heimburger, } Professeurs.
Thieriet,

Rau.......... Professeur-Suppléant.

La Faculté n'entend approuver ni désapprouver les opinions particulières au Candidat.

DES PRIVILÉGES.

(2092 — 2113.)

L'e principe qui domine toute la matière des contrats, est que l'obligé est tenu de remplir son engagement par tous les moyens qui sont en son pouvoir. Ce principe, qui du Droit naturel a passé dans nos lois, a souvent été méconnu ou altéré par la mauvaise foi, ou du débiteur, qui refusait de s'y soumettre, ou du créancier, qui exigeait plus que ce qu'il avait droit de réclamer. Une de ses conséquences, ou plutôt son application pratique, est que, faute par l'obligé de satisfaire à ses engagemens de la manière convenue, ses biens appartiennent de droit aux créanciers, qui, à défaut de la restitution promise, peuvent s'en emparer, et se payer ainsi eux-mêmes de ce qu'ils avaient droit d'exiger.

Mais il était dangereux d'abandonner la fortune d'un débiteur à des créanciers, dont les plus avides eussent absorbé la totalité au préjudice de ceux qui, plus accommodans, moins rigoureux, avaient néanmoins, dans leur créance même, un juste motif de préférence. Cette préférence il fallut la régler. On ne pouvait, sans une injustice flagrante, l'accorder seulement ou à la priorité de date, ou à l'importance de la créance. A plus forte raison ne pouvait-on pas l'attacher à la personne même du créancier, lorsque certaines créances portent dans leur objet même un droit irrécusable à la préférence. D'un autre côté, il fallait respecter les conventions particulières qui favorisaient certains engagemens. On sentit donc la nécessité de trouver un moyen qui conciliât autant que possible ces diverses garanties. On établit l'hypothèque, qui résume et la priorité de date, et le maintien des conventions stipulées entre les parties, et

1

le privilége pour les créances dont la nature méritait une protection spéciale de la part du législateur.

Le Code a énoncé bien clairement ce dernier motif dans sa définition : le privilége est un droit que la *qualité de la créance* donne à un créancier d'être préféré aux autres créanciers, même hypothécaires.

On sent bien que parmi les priviléges tous ne peuvent pas être de la même espèce ; aussi la loi les a rangés en plusieurs classes : dans ces classes, les créanciers ayant privilége égal viennent par concurrence.

Le trésor royal a dû nécessairement y trouver place ; dans l'énumération des priviléges on indiquera le rang qu'il occupe sous diverses dénominations.

Les priviléges, par cela même qu'ils sont priviléges, s'étendent sur les meubles comme sur les immeubles, et, sous ce nom d'*immeubles*, on entend même les objets que la loi considère comme tels.

SECTION Ire

Des priviléges sur les meubles.

Ils sont ou généraux, ou spéciaux.

§. 1.er

Priviléges généraux.

Ces priviléges ont été spécialement favorisés par la loi. Généraux sur les meubles, et, en cas d'insuffisance de ceux-ci, frappant même sur la généralité des immeubles, ils priment toute autre créance, quelle qu'en soit la nature ; car les créanciers auxquels la loi donne un privilége sur les immeubles, sont obligés de céder à la protection dont sont environnés ceux que nous allons énumérer.

Par cela même que ces priviléges ont un droit égal à la généralité des meubles, il a fallu régler leur rang, et l'on ne peut par aucune convention particulière déroger à l'ordre fixé par le Code.

1.º Les frais de justice. Ce sont les frais de saisie et vente de l'objet grevé ; frais ordinaires de distribution de prix entre les créanciers ; frais d'administration d'une faillite ; en un mot, tous ceux qui ont profité aux créanciers, et qui ont eu pour objet la conservation et la liquidation du gage.

2.º Immédiatement après les frais de justice, il faut, d'après des lois particulières, ranger le privilége du trésor public pour les contributions directes et indirectes.

3.º Les frais funéraires.

4.º Les frais de dernière maladie, c'est-à-dire ceux dus aux médecins, pharmaciens, chirurgiens, gardes, etc., pour leurs soins et fournitures pendant la maladie dont est mort le débiteur. Tous ces créanciers viennent par concurrence.

5.º Le salaire des gens de service. Mais la loi n'attribue ce privilége qu'à ceux qui se louent à l'année ; ceux qui travaillent à la journée, à la tâche ou pour un temps indéterminé, jouissent d'un privilége particulier, comme on le verra plus tard. Néanmoins les gens à l'année ne peuvent réclamer que ce qui leur est dû pour l'année échue, leur action étant prescrite par un an, et pour ce qui est dû sur l'année courante.

6.º Le privilége des fournitures de subsistances faites au débiteur et à sa famille, est restreint à six mois pour les marchands en détail, et à un an pour les marchands en gros, auxquels sont assimilés les maîtres de pension.

Un dernier privilége général sur les meubles est celui de la régie des douanes.

§. 2.

Priviléges spéciaux.

Ce privilége est accordé au propriétaire pour les loyers et fermages de ses immeubles, et par conséquent pour tout ce qui concerne l'exécution du bail : il a lieu sur tout ce qui garnit l'immeuble donné à bail ou à ferme, et peut s'exercer même sur les meubles et ustensiles qui n'appartiennent pas au locataire, à moins que le bailleur n'en eût connaissance. Celui-ci pourrait donc saisir même les animaux donnés en cheptel à son fermier, si le bailleur à cheptel ne lui avait signifié à quel titre ces animaux se trouvent en la possession du fermier, et il a droit sur les meubles du sous-locataire comme sur ceux du locataire, mais seulement jusqu'à concurrence du bail qu'ils ont conclu.

D'après les termes de la loi, on voit clairement que le propriétaire ne pourrait étendre son privilége sur l'argent, les obligations et les bijoux ou pierreries du locataire, sous prétexte qu'ils sont meubles. Il y a néanmoins une exception quant à ces derniers, dans le cas où il s'agirait de loyers d'un magasin occupé par un locataire faisant commerce d'objets pareils.

Quoique le Code accorde le privilége sans examiner la nature du bail, il fait cependant une distinction relativement à l'étendue de ce droit. Si le bail est authentique, ou sous seing privé avec date certaine, il donne privilége pour tout ce qui est échu et, par anticipation, pour tout ce qui est à échoir. Mais ce droit à un paiement anticipé est restreint au cas où d'autres créanciers, se présentant, inquiéteraient le bailleur dans les garanties que lui présente son débiteur. Ceux-ci peuvent d'ailleurs relouer l'immeuble pour le restant du bail, et se payer sur le prix en provenant, à charge toutefois de satisfaire le propriétaire. Mais si le bail est sous seing privé sans date certaine, ou s'il est purement verbal, le privilége, maintenu toujours pour ce qui est échu, n'est accordé pour un paiement anticipé que pour l'année courante et celle qui suivra immédiatement.

Le privilége porte sur les fruits de l'année pendans et récoltés, et on peut même l'étendre à ceux des années précédentes, en les considérant comme *garnissant* la ferme. Le propriétaire a de plus la revendication sur les meubles déplacés sans son consentement; mais s'il laisse écouler quarante jours quand il s'agit d'une ferme, et quinze quand il s'agit d'une maison, il est censé avoir donné par là un consentement tacite, et son action n'est plus admise.

Pour tout ce qui concerne l'exercice de ce privilége, le principal locataire est assimilé au propriétaire.

Celui-ci est primé par l'ouvrier qui a fourni les ustensiles aratoires, par le vendeur de semences, et par le journalier qui a fait la récolte.

Le privilége accordé au créancier gagiste, ou plutôt à la créance sur le gage dont le créancier est saisi, l'emporte de fait sur tous les autres; car le créancier n'est tenu de se dessaisir de l'effet engagé, et le débiteur ne peut le réclamer qu'après parfait paiement; mais il faut que le dépôt ait été fait à titre de gage.

Le privilége des frais faits pour la conservation de la chose doit être colloqué avant tous les autres, et pris dans son acception la plus large : il embrasse donc tout ce qui a été fait pour la garder, la réparer et la préserver de tout dommage, sans pourtant s'étendre aux améliorations.

Le vendeur d'effets mobiliers a privilége pour le prix de ces effets, tant qu'ils sont en la possession de l'acheteur. Il peut même exercer la revendication, dont l'effet est de faire résilier la vente; mais il faut la réunion des quatre conditions suivantes : 1.° que la vente soit faite sans terme; car 2.° la revendication doit être exercée dans la huitaine de la livraison; 3.° que les objets se trouvent encore en la possession de l'acheteur; 4.° qu'ils soient dans le même état qu'à l'époque de la livraison; car la mutation, qui engendre une nouvelle espèce, éteint le privilége.

Il n'est rien innové aux lois du commerce sur la revendication. Ceci regardant spécialement la législation commerciale, nous ne nous en occuperons pas.

L'aubergiste a, pour le paiement de ses fournitures, un privilége sur les effets du voyageur qu'il a hébergé, et il obtient cette faveur en considération de la confiance qu'il est forcé par état d'accorder à ceux qu'il reçoit; mais il ne pourrait retenir les effets actuellement déposés pour se payer d'un précédent séjour; car, s'il a laissé partir le voyageur, il ne doit s'imputer qu'à lui-même d'avoir ainsi laissé s'échapper le gage qu'il avait entre les mains.

La chose voiturée est aussi au voiturier le gage des paiemens qu'il a avancés pour les frais de transport et autres accessoires.

Enfin, les créances résultant d'abus et prévarications des fonctionnaires publics sont privilégiées sur leur cautionnement. Ces officiers publics sont les notaires, avoués, greffiers, agens de change; les comptables chargés du maniement des deniers publics et des communautés et hospices. Les condamnations qu'ils subiraient, à raison de leurs fonctions, sont prélevées par privilége à toutes les autres créances.

La loi n'a pas déterminé de rang entre ces priviléges, qu'elle a confusément entassés dans l'article 2102. Voici l'ordre dans lequel ils sont colloqués:

1.° Le plus favorable est celui des frais faits pour la conservation du gage commun;

2.° Le créancier gagiste et ceux qui peuvent lui être assimilés : ainsi l'aubergiste, le voiturier;

3.° Le vendeur de semences, le journalier, l'ouvrier;

4.° Le propriétaire ou bailleur;

5.° Le vendeur des effets garnissant l'immeuble loué. Mais quant aux deux derniers, la loi, tout en établissant cet ordre, y déroge au cas où le propriétaire aurait connaissance que les meubles ou effets n'appartenaient pas au locataire.

SECTION II.

Des priviléges sur les immeubles.

Les créanciers jouissant de ce privilége, sont ordinairement classés dans l'ordre suivant :

1.º Les architectes, entrepreneurs et ouvriers, pour le prix des constructions, réparations, desséchemens, défrichemens et autres ouvrages quelconques; mais leur privilége est borné à l'excédant de valeur que leurs travaux ont donné à l'immeuble : pour déterminer cette plus-value, on compare la valeur au moment de l'aliénation avec celle de l'immeuble avant les ouvrages faits; aussi la loi a-t-elle imposé expressément la condition de faire dresser un procès-verbal de l'état des lieux relativement aux ouvrages commandés, lesquels doivent de plus être constatés dans les six mois de leur perfection : à cet effet un expert sera nommé d'office par le tribunal.

Le prêteur de deniers employés au paiement des ouvriers, jouit du même privilége, mais sous la condition que l'acte d'emprunt et la quittance des ouvriers constatent authentiquement l'emploi de la somme ; cette condition seule établit subrogation en faveur du prêteur.

2.º Le vendeur sur l'immeuble non payé. S'il y a plusieurs vendeurs successifs, ils ne viennent pas par concurrence, mais le premier est préféré au second, et ainsi de suite (en supposant toujours que les formalités relatives à l'inscription de ces divers priviléges aient été observées), et le privilége s'étend à tous les accessoires du prix de vente, tels qu'intérêts, frais de contrat, frais de transcription. C'est à l'acte même de vente qu'on s'en rapporte pour déterminer ce qui est dû ; et il ne peut rien être exigé contre et outre ce qui y est formellement exprimé.

Le bailleur de fonds; mais il faut que le prêt soit fait par acte public, et que la quittance donnée par le vendeur porte que le paiement a été fait des fonds empruntés. Dans ce cas, comme dans celui énoncé plus haut, le prêteur est subrogé dans les droits du vendeur, dont il exerce alors le privilége.

Les différens prêteurs viennent par concurrence.

3.º Enfin, et en dernier lieu, les cohéritiers et copartageans pour la garantie des partages et retours de lots. Comme tous les lots sont garans les uns des autres, le privilége pèse sur tous les immeubles de la succession et sur le prix de ceux adjugés par licitation, et il a lieu même pour la garantie, en cas d'éviction.

Tous ces priviléges pouvant suivre les immeubles dans quelque main qu'ils passent, ils ont été soumis à la formalité de l'inscription ; mais bien qu'ils n'aient d'effet que par elle, ils ne sont pas liés par sa date, et, remontant par une sorte de rétroactivité, ils priment les créances antérieures, même hypothécaires. L'omission de cette formalité n'éteint pas la créance, mais elle en change la nature, et fait descendre le créancier négligent au rang du simple hypothécaire. Il n'y a que les priviléges soumis à l'inscription qui soient exposés a descendre dans la classe des hypothèques ; car ceux que la loi exempte de cette formalité subsistent indépendamment de toute inscription. Telles sont les créances énumérées dans l'article 2101, qui, bien que portant sur les immeubles, ont sans inscription tout leur effet, même contre des priviléges inscrits.

Le vendeur conserve son privilége par la transcription faite par l'acquéreur du titre translatif de propriété, et qui constate la somme due; cette transcription vaut inscription pour le vendeur et pour le bailleur de fonds; celui-ci peut d'ailleurs aussi requérir cette transcription. Sur cette simple transcription le conservateur des hypothèques est tenu d'inscrire d'office les créances énoncées dans le contrat de vente. Le Code ne fixe aucun délai; cette transcription sera donc toujours faite en temps utile, tant qu'il n'y aura pas revente; mais en cas de revente il faut distinguer : si les acquéreurs subséquens n'ont pas fait transcrire, le privilége du vendeur primitif est maintenu; si l'un d'eux a transcrit, le premier vendeur devra, sous peine de se voir enlever son privilége, prendre inscription dans la quinzaine qui suivra cette transcription; car le privilége du vendeur primitif ne se conserve point par la transcription du contrat des acquéreurs successifs.

Le cohéritier ou copartageant est aussi obligé de prendre inscription, afin de conserver son privilége sur les lots des cohéritiers ou
sur le bien licité. La loi a fixé à soixante jours le délai pendant lequel cette inscription peut être utilement prise ; délai qui court à
partir de l'acte de partage définitif, ou de l'adjudication définitive
par licitation.

Le Code de procédure a apporté une modification importante à
cette disposition, en exigeant que le cohéritier qui veut conserver
le droit de requérir la mise aux enchères, s'inscrive dans la quinzaine de la transcription du contrat de vente. Les inscriptions deman-
dées par d'autres créanciers pendant le délai des soixante jours, sont
primées par celle qu'aurait prise le copartageant, même postérieu-
rement, mais en temps utile. Si au contraire il avait eu la négligence
de laisser écouler le délai, bien qu'il s'inscrive le premier, son privilége n'en serait pas moins perdu, et il serait primé par les créanciers hypothécaires inscrits avant le partage.

L'inscription peut être prise en vertu d'un acte sous seing privé.

Les architectes, entrepreneurs et ouvriers sont aussi tenus, comme
les autres privilégiés sur les immeubles, de faire inscrire les deux
procès-verbaux, qui constatent, l'un l'état des lieux avant les travaux,
l'autre la réception des ouvrages faits. Ces deux procès-verbaux n'ont
pas besoin d'être inscrits conjointement; car l'effet du privilége a lieu
dès l'inscription du premier : on pourrait donc inscrire le second
séparément, pourvu qu'on soit encore en temps utile, c'est-à-dire
avant la revente de l'immeuble ou dans la quinzaine de la transcription du contrat de vente.

Cette inscription profite en même temps aux prêteurs de fonds.

La loi met ici au nombre des privilégiés, les créanciers et légataires qui, demandant la séparation des patrimoines, s'inscrivent dans
les six mois, à compter de l'ouverture de la succession, sur les immeubles qui la composent. Ce privilége, ainsi inscrit, prime toutes
les hypothèques que les héritiers auraient consenties sur les biens du

défunt, et ceux des légataires qui auront pris l'inscription seront colloqués sur le prix par préférence aux autres créanciers ou légataires non inscrits.

Les cessionnaires de ces diverses créances privilégiées exercent les mêmes droits que leurs cédans; mais il faut pour cela que les conditions exigées par la loi pour la validité de ces cessions soient remplies. Ainsi il faut que la signification du transport ait été faite au débiteur, ou que celui-ci l'ait accepté dans un acte authentique. Nous avons déjà vu ci-dessus une application de cette disposition dans la subrogation des prêteurs de fonds aux droits de leurs emprunteurs dont ils exercent le privilége.

Le privilége déchu, faute d'avoir observé les formalités requises, devient une hypothèque légale, mais spéciale, et soumise comme telle aux lois qui régissent cette matière.

JUS ROMANUM.

Ubi quis solvendo non est, et idcirco bona ejus veneunt, multum refert quo ordine collocentur creditores.

Quidam autem ceteris in bonorum possessionem missis creditoribus misceri non debent, quorum numero sunt :

1.° Hi quibus rei vindicatio tribuitur, utputa emancipatus filius sui patrimonii causa, uxor in rebus propriis, in quodam casu depositarius.

2.° Creditores quibus beneficium separationis competit, utputa si debitorem habuerunt eum cujus heres bonorum venditionem patitur : in eodem casu legatarii; præterea castrenses creditores filii familias.

Ante omnia venit impensa funeris quæ præ quibuslibet creditis ex hereditate deducitur.

Privilegiorum ratio duplex; quædam causam pignoris vel hypothecæ præcedunt; quædam adversus chirographarios tantum privilegium exigendi tribuunt : de quibus vicissim dispiciendum.

I. Quod ad primum genus pertinet :

A. Priori loco collocatur fiscus ob cessationem tributorum, ob debitum primipilare, et ex contractu, sed tantum in re postea acquisita.

B. Secundo uxor pro dote repetenda.

C. Sequentia, tanquam inter se aliena privilegia tractari solent, sed inconsulto; etenim secundum Heisii sententiam nihil aliud sunt, nisi unius et ejusdem privilegii diversæ species; nam ex in rem versione tanquam communi fonte oriuntur, ideoque par eorum pignorum causa est, sed ita ut si concurrant, priora tempore potiora jure

sint. His adnumerari solent pignora quæ in favorem recepta sunt :
a. pupilli ex cujus nummis fuerit res comparata; *b*. ejus qui ad
exstruendam aut reficiendam domum vel navem, ad emendum præ-
dium, ad comparandam militiam pecuniam credidit, dum res ei sit
obligata.

II. Alterum genus est privilegiorum qui rem non sequuntur,
sed credito tantum inhærent.

A. Primo quoque loco collocatur fiscus in his casibus in quibus
hypothecas non habet.

Quod privilegium fisco competit, hoc idem et Cæsar et Augusta
habere solent.

B. Privilegia non ex diversitate temporis æstimantur, ideoque
concurrunt cetera, cum sint ejusdem tituli; in hac causa sunt:
a. Respublica creditrix; *b*. sponsa ad condicendam dotem, si nuptiis
renuntiatum fuerit; *c*. pupillus cujus aliquis, cum tutor non esset,
pro tutore negocia gessit; hi quibus quasi debilibus, vel prodigis,
aut quorum bonis (sicut absentis, vel ab hostibus capti) curatores
dantur; *d*. creditor qui ob restitutionem ædificii credidit, aut in
navem fabricandam, vel instruendam, vel emendam.

C. Illi qui apud mensularium pecuniam ita deposuit ut nullas
usuras acciperet privilegium competere manifestum, sed quo ordine veniat ambiguum est; nam si Ulpianum (libro trigesimo ad
edictum [1]) credas, ante cetera privilegia, et si eumdem (libro sexa-
gesimo tertio [2]) post privilegia ejus ratio habetur. Utriusque frag-
menti perspicua sunt verba, et utrum Triboniani manum passum
sit, asperrimum dignoscere, sin aliter impossibile. Nodum sane
herculeum. Cujus non solvendi, sed remittendi periculum facies, si
dixeris eo casu ante privilegia depositariorum ratio haberi, quando
nummularius fraudulenter foro cessit.

---

1 F. 1, §. 2, D. 16, 3.
2 F. 24, §. 2, D. 42, 5.

DU FAUX INCIDENT CIVIL
ET DE LA VÉRIFICATION D'ÉCRITURES.

Le faux incident civil est une exception de faux, élevée incidemment, et tendant à faire déclarer fausse ou falsifiée, et comme telle écarter par le juge, une pièce quelconque produite par la partie adverse, pourvu toutefois que cette pièce soit susceptible de vérification. L'inscription de faux est admise en tout état de cause, même en instance d'appel, contre toute pièce, même contre les actes authentiques et les jugemens; elle doit être formée devant un tribunal ordinaire : un tribunal exceptionnel devrait renvoyer une pareille demande au juge ordinaire. La procédure du faux incident civil est solennelle, et se fait sous les yeux du ministère public, qui doit être entendu avant tout jugement à rendre dans le cours de l'incident : elle se divise en trois époques distinctes, marquée chacune par un jugement.

Le premier est le jugement d'admission de l'inscription ;

Le second, celui qui statue sur les moyens de faux;

Le troisième, le jugement sur le fond même du faux.

Mais comme l'inscription de faux n'est qu'un incident, il faudra un quatrième jugement qui statue sur la demande principale.

PREMIÈRE ÉPOQUE (215 — 218).

La première chose à faire est de demander le sursis, en déclarant qu'on veut s'inscrire en faux, et l'on somme la partie adverse de déclarer formellement, sans condition ni restriction, si elle veut ou non faire usage de la pièce attaquée. Si le défendeur en faux ne répond pas, son silence est regardé comme une déclaration de non servir ; s'il déclare renoncer à en faire usage, la pièce est rejetée, mais par rapport à lui seulement : néanmoins cette renonciation n'empêcherait pas l'action du ministère public. Si au contraire il persiste, on s'inscrit en faux, et on demande au tribunal d'admettre l'inscription : il peut refuser l'admission si la cause peut être vidée sans la pièce arguée, ou si celle-ci a été jugée vraie dans une précédente inscription de faux entre les mêmes parties ; mais la simple vérification précédemment faite n'empêche pas l'admission de l'inscription.

Si le tribunal l'admet, il nomme par le même jugement le commissaire qui devra diriger toute la procédure.

SECONDE ÉPOQUE (219 — 232).

Ce premier jugement rendu, il faut déposer au greffe la pièce, ou la minute si l'apport en a été ordonné. Tout possesseur de la pièce est tenu de se prêter à cet acte nécessaire, bien qu'il constitue une violation de la propriété ; mais c'est une espèce de servitude réciproque entre tous les habitans d'un pays. La loi a même attaché au refus des peines très-graves. La remise effectuée, le juge-commissaire, en présence des parties, dresse procès-verbal de l'état de la pièce : celui-ci terminé, il s'agit de connaître les moyens du demandeur et la réponse du défendeur ; ils peuvent pour cela prendre connaissance de l'écrit au greffe, mais sans que l'usage de cette faculté puisse servir de prétexte pour retarder le cours de la procédure. Les moyens peuvent être admis ou rejetés en tout ou en partie : le tribunal peut aussi les joindre au principal, pour les admettre plus tard, au cas où ils deviendraient nécessaires.

Le jugement qui statue sur l'admission ou le rejet des moyens en ordonne en même temps la preuve, et nomme des experts. C'est un jugement interlocutoire : on peut donc en appeler de suite.

TROISIÈME ÉPOQUE (233 — 251).

Cette époque est la plus importante de toutes : elle contient la discussion des preuves, les débats et le jugement sur le faux. En même temps la surveillance du ministère public devient plus active ; car c'est ici surtout que se développent les indices qui peuvent conduire sur la trace d'un crime. Si la poursuite criminelle est intentée, il est sursis à la procédure au civil jusqu'au jugement du faux au criminel ; mais de l'acquittement au criminel de l'accusé de faux ne résulte pas la preuve absolue de la sincérité de la pièce : d'ailleurs il n'y a pas de transaction possible sur le faux au civil sans l'homologation accordée par le tribunal sur les conclusions du ministère public.

La preuve se fait par titres, témoins ou experts. La preuve par titres se fait au moyen de la représentation d'écritures authentiques ou reconnues par le défendeur, et qui prouvent d'une manière satisfaisante la fausseté ou la véracité de l'acte argué. La preuve par témoins se fait suivant les règles ordinaires des enquêtes ; mais il y a pour le faux des formalités particulières : on doit présenter aux témoins les pièces arguées, et ils les parapheront. Le juge-commissaire peut aussi, s'il l'estime convenable, leur faire représenter les pièces de comparaison et autres.

La vérification d'écritures est le moyen le plus usité, quoique le moins sûr. Nous allons en développer les principes. Elle diffère du faux incident civil sous plusieurs rapports. La vérification s'instruit à la requête de la partie qui produit la pièce, tandis que le faux se poursuit par la partie contre laquelle on produit : la première ne porte que sur des actes sous seing privé : le second peut frapper tous les actes, comme on l'a vu précédemment. Nous avons dit aussi que la vérification d'écritures n'empêche pas l'inscription en faux, tandis que l'inscription exclut la vérification. On verra que dans celle-ci les experts peuvent être choisis par les parties, au lieu que dans le faux ils sont nommés d'office. De plus, la vérification n'exige pas l'intervention du ministère public. Cependant le but des deux procédures est le même, l'admission ou le rejet de la pièce.

Une demande en reconnaissance précède nécessairement la procédure en vérification d'écritures. La pièce sera tenue pour vraie si le défendeur fait défaut, ou s'il la reconnaît expressément. S'il la dénie, le tribunal ordonnera la vérification et nommera les experts, à moins que les parties ne s'accordent pour en nommer; mais dans ce dernier cas elles ne peuvent plus les récuser. La vérification se fait par titres, témoins ou experts. Nous ne nous occuperons que de cette dernière, comme nous intéressant le plus directement.

Le pièce sera déposée au greffe. Le juge-commissaire indiquera le jour où les parties devront convenir de pièces de comparaison. Si le demandeur fait défaut, la pièce est rejetée; si c'est le défendeur, elle est tenue pour reconnue. Les pièces de comparaison seront ou des écritures reconnues pour être du défendeur, ou dictées à lui par les experts. Il est essentiel d'observer que le juge-commissaire ne pourrait pas admettre des actes authentiques autres que ceux dressés par-devant notaires. Enfin les experts procéderont à la vérification en présence du greffier ou du juge, et ils dresseront leur rapport. Néanmoins le tribunal peut décider contrairement à l'expertise.

Revenons au faux incident civil. Les preuves faites de part et d'autre, le tribunal statue sur le faux : s'il rejette l'inscription, la pièce est censée vraie entre les parties; s'il l'admet, il ordonne le rejet, la lacération, la radiation, etc., de la pièce; condamne le demandeur à l'amende, et, s'il y a lieu, à des dommages-intérêts, et statue sur la remise des pièces de comparaison.

DE LA PRESCRIPTION
DE LA LETTRE DE CHANGE ET DU BILLET A ORDRE.

La prescription est une manière de se libérer dépendante d'une époque après l'expiration de laquelle s'éteignent les obligations du débiteur envers le créancier, si celui-ci n'a pas fait valoir ses droits en temps utile.

En thèse générale la prescription est de trente ans ; mais, pour assurer le crédit commercial, on ne pouvait guère laisser aussi long-temps les débiteurs dans les liens de leurs obligations, obligations à la fois si multipliées et si rigoureuses. On sentit donc la nécessité d'établir des prescriptions plus courtes, et comme une législation commerciale ne peut guère être autre chose que la sanction d'usages établis parmi les négocians, la loi, se conformant à ces usages, établit pour les lettres de change et les billets à ordre la prescription quinquennale.

L'article 189 déclare prescrites par le laps de cinq ans, non-seulement les actions principales que l'on a contre l'accepteur et le tireur, mais encore toutes les actions quelconques qu'a fait naître la négociation de la lettre de change ou du billet à ordre. Mais si cette prescription s'applique à toute lettre de change, quelle que soit la qualité de ceux qui y ont concouru, il n'en est pas de même quant aux billets à ordre ; car il n'y a que ceux qui ont pour objet des faits de commerce, ou qui auront été souscrits par des commerçans, qui soient soumis à la prescription de cinq ans.

La prescription ordinaire des actions, celle de trente ans, ne court pas contre les mineurs et les interdits, tandis que cette prescription spéciale est absolue, et elle court contre les mineurs, sauf leur recours contre qui de droit : elle peut d'ailleurs être invoquée par tous ceux qui y ont intérêt, et il est à remarquer que la loi a singulièrement favorisé les cautions, en les délivrant de leur obligation après le délai de trois ans.

Les prescriptions courtes sont en général fondées sur une présomption de paiement. De là vient que l'expiration du délai n'éteint pas toujours l'action, et cette présomption peut être détruite par la preuve contraire : aussi la disposition finale de l'article 189 permet-elle de déférer le serment au débiteur : elle va même plus loin que le Droit commun, qui ne permet le serment que sur un fait personnel au débiteur ; car elle autorise à le déférer à la veuve et aux héritiers ou ayant-cause du débiteur, afin qu'ils aient à déclarer s'ils ont ou non connaissance que la chose soit encore due.

La prescription commence à courir du moment où l'action a pu être intentée, et par conséquent à dater du lendemain de l'échéance. Mais il peut arriver que le terme du paiement soit incertain, par exemple dans une lettre payable à vue, ou payable à un ou plusieurs jours, mois, usances de vue : dans ce cas, si le porteur ne s'est pas présenté dans les délais fixés par les lois et usages du commerce, la prescription courra du jour où le paiement aura dû être fait.

La prescription peut être suspendue et interrompue de différentes manières : si elle l'avait été par une poursuite juridique, et que le créancier eût obtenu jugement de condamnation, il y aurait interversion de titre, et la prescription ne s'accomplirait plus que par trente ans, à partir du jugement.

FIN.